L'INSTITUTION ARBITRALE

DE

M. Hippolyte SAUZÉA

Prix : **30** Centimes

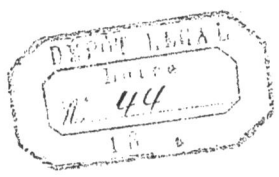

SAINT-ÉTIENNE

Imprimerie Jules BERLAND

Place de l'Hôtel-de-Ville, 4

—

1885

L'INSTITUTION ARBITRALE

DE

M. Hippolyte SAUZÉA

~~~~~~

Prix : **30** Centimes

~~~~~~

SAINT-ÉTIENNE

Imprimerie Jules BERLAND

Place de l'Hôtel-de-Ville, 4

—

1885

Celūi qui écrit ces pages et qui désire rester inconnu, n'a d'autre titre pour se faire entendre que la communauté de sentiments et de croyances qui l'unit à M. Sauzéa.

Comme ce bienfaiteur des malheureux, il croit en Dieu, avec une foi profonde, sincère, raisonnée, inébranlable.

S'il élève sa faible voix, il reconnait qu'il n'a ni autorité, ni mandat pour parler; il obéit simplement à l'impulsion de sa conscience.

Fait-il bien, fait-il mal dans l'intérêt de ceux qu'il veut servir et que M. Sauzéa a aimés? Il pense faire bien.

Dans tous les cas, la pureté de l'intention lui servira d'excuse.

L'INSTITUTION ARBITRALE

DE

M. HIPPOLYTE SAUZÉA

On commence à s'entretenir beaucoup, à Saint-
Etienne, du gros procès qui s'est engagé entre les
neveux de M. Sauzéa et les hospices civils, héritiers universels, comme on le sait, de celui que
la reconnaissance publique a déjà baptisé du nom
de : Grand ami des Pauvres.

Les établissements de bienfaisance ne peuvent
accepter, sans l'autorisation du Gouvernement,
les dons et legs qui leur sont faits. De là des lenteurs et des délais inhérents à tout ce qui passe
par les bureaux. Ces délais et ces lenteurs sont
encore bien plus considérables, lorsque les
choses se compliquent de contestations judiciaires qui peuvent être portées devant plusieurs
juridictions.

Il faut être versé dans les affaires pour se ren-
dre compte de ces inévitables retards. Mais, dans
le commun du public, dans cette partie qui souf-

surtout — les malheureux sont excusables d'être impatients ! — on se demande si les bonnes intentions de M. Sauzéa ne sont que lettres mortes, et l'on ne comprend pas, en présence d'infortunes qui ont tant besoin d'être soulagées, quels peuvent être les obstacles qui arrètent l'accomplissement des volontés du généreux donateur.

.*.

Nous allons, à défaut d'autre soulagement et pour calmer de si légitimes impatiences, tâcher de faire apercevoir le sens et la nature des difficultés que soulève le testament de M. Sauzéa.

Par son testament, ou, pour mieux dire, ses testaments successifs, qui se confirment les uns les autres, M. Sauzéa fait un certain nombre de legs particuliers :

A sa famille, qui trouve encore dans sa succession près de quatre cent mille francs ;

A ses domestiques ;

A quelques-uns de ses fermiers ;

Aux hospices du Chambon, de Saint-Rambert, de Saint-Germain, d'Andrézieux, de Saint-Marcel-sous-Urfé ;

A la Propagation de la Foi ;

Au Refuge de Saint-Etienne ;

A la Société de Saint-François-Régis, pour le mariage des pauvres, mais à la condition que l'œuvre s'occupera aussi de réunir les époux qui se sont séparés et qui vivent avec d'autres personnes ;

Aux enfants trouvés à Saint-Etienne, mais dans le cas seulement où les tours seraient rétablis.

.*.

Puis il institue pour ses légataires universels les hospices de Saint-Etienne, et il ajoute :

Je veux que ma maison, rue des Jardins, soit affectée à la Société des Arbitrages et je veux qu'en attribuant à cette société mes redevances tréfoncières, un tiers seulement soit affecté aux blessés ou morts des mines et les deux autres tiers aux préjudices résultant des procès en général.

(On peut ne pas descendre dans la mine, dit-il autre part, *mais il est impossible d'éviter les procès).*

Je charge mes héritiers universels de fonder et entretenir à perpétuité cet établissement.

.*.

Le temps où nous vivons abonde en gens d'esprit. C'est le siècle des sceptiques ; c'est l'âge d'or des railleurs.

Aussi voyons-nous d'ici les traits et les lazzis dont vont être accablés ces malheureux arbitres, institués par M. Sauzéa.

Rire est si facile, plaisanter est si commode, surtout quand on est à court de bonnes raisons !

On dira ironiquement : « Je me pourvois devant les arbitres Sauzéa ! » comme autrefois, après la célèbre affaire Mirès, on disait : « J'en appelle à la Cour de Douai ! »

La Cour de Douai ne s'en porte aujourd'hui pas plus mal ; et nous espérons bien que la Société des Arbitrages, pour nous servir de l'expression même de M. Sauzéa, finira par se faire sa place dans nos institutions Stéphanoises.

Quoi de plus raisonnable, en effet, et de plus réellement philanthropique que son fonctionnement !

Voyons, avec calme et bonne foi, comme il convient de le faire quand on discute l'œuvre d'un pareil homme, voyons quel sera le rôle de cette institution.

Ce rôle est triple.

.˙.

M. Sauzéa a d'abord voulu offrir aux plaideurs intéressants — c'est-à-dire à ceux qui sont de bonne foi, souvent s'illusionnent sur leurs droits et croient par conséquent avoir raison — le moyen de se faire juger promptement et sans frais, par des arbitres de profession, qui ne pourront pas décliner la mission qu'on viendra ainsi leur offrir, puisqu'ils seront payés pour cela.

Ils jugeront par arbitrage, dit M. Sauzéa dans ses testaments, *tous les procès qui leur seront soumis.*

Et que l'on ne dise point que ce côté de l'institution ne repose pas sur une idée juste. Il en coûte toujours bon d'aller prendre une consultation devant les tribunaux ordinaires de Thémis. Sans doute, le magistrat juge gratuitement ; mais ses auxiliaires, qui sont par nature lents à lui présenter l'huître à ouvrir, y mettent parfois un peu la dent….., car ce n'est que dans la fable qu'ils l'avalent tout entière.

M. Sauzéa, pour qui plaider semblait être un régal, rechignait toujours quand on lui présentait la carte à payer. Il a voulu éviter aux autres ce quart d'heure qui lui était si pénible.

Devant ses arbitres, pas de lenteurs, pas de frais d'huissier, d'avoué, pas d'honoraires d'avocat, pas de droits de greffe et d'enregistrement ! La justice absolument gratuite ; en un mot, l'idéal de la vraie démocratie !

*
* *

Mais que ceux qui vivent des plaideurs, le fisc le premier, ne se hâtent pas trop de pleurer toutes leurs larmes ; il y a encore pour eux de beaux jours. Les gens avisés sont rares. Il s'écoulera du temps, beaucoup de temps, avant que le grand public prenne l'habitude de s'adresser aux nouveaux arbitres.

Cependant si, comme nous l'espérons bien, ils sont bien choisis, et si quelques plaideurs, intelligents et bien jugés, leur font de la réclame, on ne sait pas ce qui peut arriver......

Dans tous les cas, il est certain que, dans les commencements surtout, l'institution de M. Sauzéa n'arrêtera guère dans ses filets que le menu frétin ; les grosses et belles pièces préfèreront toujours se faire accomoder à la cuisine officielle de Saint-Yves. Qu'importe, si les petits et les humbles en profitent !

*
* *

La seconde partie de la tâche que M. Sauzéa confie à ses arbitres — et c'est là que commence à éclater le caractère de bienfaisance de son institution — témoigne, chez cet homme de bien, une clairvoyance et une bonté qu'on ne saurait assez admirer.

Tout le monde sait que les Compagnies de mines ne sont pas responsables toujours vis-à-vis des ouvriers qu'elles emploient ou de leurs familles, des accidents dans lesquels ces ouvriers ont été tués ou blessés.

Il n'y a obligation de la part de la Compagnie à réparer pécuniairement le malheur, que dans le cas où l'on peut relever contre elle une faute quelconque : manque de surveillance... inobservation des règlements.....

Toutes les fois qu'il y a simplement cas fortuit, force majeure, fatalité enfin, la Compagnie répond : Est-ce ma faute ? Que voulez-vous que j'y fasse ?

Et la jurisprudence, d'accord avec la loi, lui donne raison. Absolument comme lorsqu'un homme est frappé sur le grand chemin par la foudre. Qu'il s'en prenne à Jupiter ! Il a tiré le numéro qui gagne à la loterie de l'infortune.

*
* *

Eh ! bien, la grande âme de M. Sauzéa s'est levée et a dit : Me voilà !

Ah ! l'on aura beau aiguiser les traits, on ne parviendra jamais à faire rire de ce courtisan du malheur qui, là où l'inexorable fatalité a passé, arrive à son tour avec ses arbitres appréciateurs : Tant pour ce bras cassé ! Tant pour cet œil éteint ! Tant pour cette veuve et ces orphelins dont le soutien est mort au champ d'honneur !

Que l'on décore de son nom une rue, un boulevard de la ville, c'est bien. Mais c'est dans le cœur des malheureux qu'est marquée sa véritable place ; c'est là que son souvenir doit rester à jamais gravé !

*
* *

Nous ignorons si, lorsqu'il a eu l'idée de sa société, M. Sauzéa connaissait ou non la généreuse initiative que quelques députés ont prise au Parlement, en déposant un projet de loi aux termes duquel les patrons seraient, dans tous les cas, responsables ou, tout au moins, présumés responsables des accidents qui atteindraient leurs ouvriers. Nous ne savons pas davantage quel accueil recevra ce projet de loi.

Toujours est-il que M. Sauzéa a, pour le bassin de la Loire, résolu la question ; et que, grâce à la générosité de son cœur, les ouvriers mineurs et leurs familles sont maintenant, en cas d'accidents d'où qu'ils proviennent, toujours certains d'être indemnisés, soit par les Compagnies, soit au moyen des ressources assurées à cet effet à la nouvelle institution.

La troisième et dernière partie des attributions que M. Sauzéa assigne à ses arbitres, révèle peut-être encore mieux la mission de bienfaisance qui doit leur appartenir et dont nous parlions tout-à-l'heure. C'est là que se manifeste surtout la soif de justice absolue qui dévorait ce grand cœur.

Les deux tiers de la dotation sont affectés à la réparation *des préjudices causés par les procès en général.*

Quels peuvent donc être ces préjudices ?

Sans avoir la prétention d'épuiser une matière aussi considérable, nous allons parcourir, à titre de simple indication, quelques-uns des nombreux cas où les bienfaisantes intentions de M. Sauzéa pourront, selon nous, s'appliquer.

Chacun connaît le principe sur lequel repose la théorie de l'impôt progressif.

L'impôt, dans ce cas, n'est plus proportionnel aux ressources de ceux qui l'acquittent, de façon que celui qui a cent mille francs de revenus ne paie pas cent fois plus que celui qui n'en a que mille.

Non. Une certaine partie des gains ou revenus, regardée comme faisant face au nécessaire, est, par conséquent, peu atteinte. Mais l'excédent, considéré comme une sorte de superflu, est alors frappé dans une mesure, non pas proportionnelle, mais bien progressive; c'est-à-dire qu'on paierait, par exemple, pour un gain ou un revenu de mille francs, un vingtième, soit cinquante francs ; pour cinq mille francs, un dixième, soit cinq cents francs ; pour vingt mille francs, un sixième ; pour trente mille, un septième ; pour cent mille, un quart...., etc... et ainsi de suite, dans une proportion sans cesse croissante.

Ce système d'impôt, hâtons nous de le dire, a ses détracteurs comme il a ses partisans.

*
**

Mais que dirait-on d'un impôt progressif en sens contraire ? d'un ordre de contributions où celui qui possèderait un million paierait par exemple un quart pour cent, soit deux mille cinq cents francs, et celui qui n'aurait que cinq cents francs paierait vingt-cinq pour cent, soit cent vingt-cinq francs, c'est-à-dire le quart de ce qu'il a ?

Ce serait monstrueux, n'est-ce pas ?

Eh bien, cela existe! Et dans des proportions peut-être encore plus abominables que celles que nous venons d'indiquer.

Citons des faits et des chiffres.

Une citation en justice coûte autant quand on demande vingt-cinq francs que lorsqu'on en réclame vingt-cinq mille.

La grosse du jugement que l'on obtient coûte à peu près autant dans un cas que dans l'autre : théoriquement le coût pourrait être absolument le même.

Les frais de signification et d'exécution de l'un et l'autre de ces jugements sont exactement les mêmes. Il n'y a pas deux prix pour le papier timbré, les droits de rôles, les vacations des huissiers et de leurs auxiliaires.

Voit-on l'effrayante progressivité, lorsque, des gros chiffres, l'on arrive aux petites sommes ?

***

On sait au prix de quelles peines et de quelles privations peut se boucler un pauvre petit budget d'ouvrier. Tout est pierre d'achoppement pour rompre un si frêle équilibre : une maladie, un accident quelconque, un chômage de quelques jours.....

L'homme est donc en retard de vingt-cinq francs dûs au boulanger; et, dame! celui-ci a sa farine à payer.

Ils vont devant le juge de paix : Procès... procédure.... car c'est tout un.

Ah! travailleur! tu dis que tu n'as que tes bras pour te faire subsister, toi et ta famille!

Ah! prolétaire! tu invoques le nombre de tes enfants pour obtenir des délais!

Tu les obtiendras, ces délais, de la pitié du juge.
Mais la justice te fera un crime de ta détresse. Il
te manquait vingt-cinq francs pour payer ta dette,
il t'en faudra deux cents pour sauver ton miséra-
ble mobilier de la vente à l'encan ! (1)

Voilà les lois qui nous régissent. Au lieu de son-
ger à leur révision, on s'est occupé de celle de la
Constitution !

*
* *

N'est-ce donc point là un préjudice lamentable ?
Etait-il possible à ce malheureux ouvrier d'éviter
ce procès ?

Et pourtant le jugement n'est pas mal rendu ;
mais il y a là erreur judiciaire ou, pour mieux
dire, il n'y a qu'erreur d'organisation judiciaire,
erreur sociale, si l'on veut.

Que d'injustices à effacer dans cet ordre d'i-
dées ! *Summum jus, summa injuria.*

De toutes les infortunes, celle du débiteur de
bonne foi est certainement l'une des plus attendris-
santes. Elle a souvent touché le cœur des philan-
thropes éclairés. Au commencement de ce siècle
le major Martin, l'illustre Lyonnais, n'avait-il pas,
par son testament, consacré une somme annuelle
à l'élargissement des prisonniers pour dettes com-
merciales les plus intéressants ?

Quand il parle de préjudices judiciaires (2) à réparer, M. Sauzéa n'obéit-il pas à un sentiment
tout-à-fait semblable ?

---

(1) Tous ces frais reviennent en majeure partie au Trésor ; les
officiers ministériels ne sont, à proprement parler, que des collec-
teurs de taxes à son profit.

(2) M. Sauzea s'est, dans son testament, servi de ces deux ex-
pressions : *préjudices résultant des procès en général* et *erreur
de jugements.* Il est évident que c'est la première expression qui
rend le plus exactement sa pensée.

Ses arbitres ont d'ailleurs la latitude d'apprécia-tion la plus étendue. Et nous sommes certains qu'ils croiront faire le plus judicieux emploi de la dotation en remboursant, suivant ses ressources, 30, 40, 50 pour 100 de ces frais disproportionnés dont nous avons parlé, et qui auront été, très léga-lement, nous en convenons, mis à la charge de malheureux débiteurs.

Ce ne sont pas les infortunes dignes de soulage-ment qui manqueront, mais bien les fonds; qu'on en soit sûr.

*
* *

Abordons d'autres espèces, toujours à titre d'exemples.

Un vieux travailleur décède, laissant pour héri-tiers six neveux ou nièces.

La petite hoirie se compose uniquement de la maison d'habitation du défunt, fruit des écono-mies de toute sa vie, ci : trois mille francs.

L'un des neveux, plus riche que les autres qui n'ont rien, leur dit : « Je prends ia maison pour « douze cents francs : Acceptez, ou je la fais ven-« dre judiciairement et je fais *tout manger* ».

Ils ne peuvent y croire.

Demande en partage et liquidation de la succes-sion devant le tribunal... Jugement qui l'ordonne... Vente par licitation... Adjudication... Procès-ver-bal de liquidation... Homologation du dit, par ju-gement !...

Tous frais payés, il reste à partager cent écus entre les six héritiers. C'est miracle que tout n'ait pas été absorbé ; car les procédures judiciaires sont conservatrices des grandes fortunes et destructices des petites.

La société Sauzéa eût remboursé aux cinq victimes une part de ces frais. Et, si elle eût existé, il est même probable que l'organisateur de cette abominable procédure y aurait renoncé, puisqu'il eût dù seul en souffrir.

**

On ne s'imagine pas combien, malgré les juges, un méchant homme peut faire de mal, armé de la loi.

Voici un propriétaire qui, par rancune ou malveillance, *veut* accabler un de ses locataires, lequel lui doit un trimestre de loyer de trente francs.

Le jour qui suit l'échéance, commandement ; le surlendemain, saisie-gagerie avec citation en validité.

Total à ajouter au loyer : cinquante francs !

N'est-ce pas là encore un préjudice révoltant, qui résulte d'une procédure que la loi ne permet pas de proscrire et que le juge est, par conséquent, obligé de sanctionner malgré lui ?

**

La loi de 1851 sur l'assistance judiciaire est certainement une de nos meilleures lois, et personne ne songe à en demander l'abrogation. Et, cependant, quels préjudices ne cause pas quelquefois son application devant les tribunaux !

Un exemple entre cent :

Le chien d'un sieur B..., ouvrier cylindreur, avait, paraît-il — car il n'était pas absolument démontré que ce fût le sien — mordu l'enfant d'une de ses voisines.

Les parties avaient comparu devant le juge de paix, et celui-ci, bien qu'il y eût quelque incertitude sur le point de savoir quel était le chien fautif, avait décidé le cylindreur à donner vingt francs à la mère de l'enfant, qui les accepta.

Mais cette femme s'était remariée et avait, par ce fait, perdu la tutelle de l'enfant qui était du premier lit.

Un conseilleur peu scrupuleux lui assura donc que l'arrangement fait devant le juge de paix était nul, et, la tutelle régularisée, elle et son mari, nommé co-tuteur, demandèrent l'assistance judiciaire pour attaquer le cylindreur en dommages et intérêts.

L'assistance fut accordée ; on la refuse rarement et l'on a raison. Plaidoiries devant le tribunal ; le cylindreur gagne son procès.

Appel devant la Cour ; confirmation du jugement. Mais les demandeurs sont insolvables. En frais d'avoués à Saint-Etienne et à Lyon, en honoraires d'avocats devant le tribunal et la Cour, en faux frais de toutes sortes, le malheureux ouvrier a été obligé d'avancer plus de sept cent cinquante francs, et, pour y faire face, de grever la maisonnette construite avec les économies de plusieurs années d'un travail opiniâtre.

N'y a-t-il donc pas là préjudice causé par les procès? Une autre expression s'applique-t-elle mieux au fait que nous venons de citer? N'est-ce pas un soulagement pour la conscience, de penser qu'un généreux philanthrope a trouvé le moyen de secourir des infortunes si dignes de pitié?

* * *

Voilà, cependant, l'institution que l'on veut représenter comme un monument de bizarrerie et d'absurdité! Que disons-nous? Comme une insulte faite à la magistrature et aux lois!

Mais on ne parviendra pas, nous l'espérons du moins, à dénaturer son caractère et à fausser sa mission. Non, ce n'est pas un nouveau degré de juridiction; ce n'est point un tribunal de censeurs, s'élevant en face de la justice du pays, redressant ses erreurs, réformant ses arrêts. C'est avant tout, une œuvre, une société — tant son fondateur a cru qu'on se réunirait autour d'elle — de bienfaisance.

Nous essayons de pénétrer dans le fond de la pensée de M. Sauzéa, de nous identifier en quelque sorte avec lui et nous disons, en toute assurance, qu'avec le sens profondément religieux qui l'animait, il a voulu placer la charité à côté de la justice et former ainsi l'assemblage le plus auguste qu'il soit donné à l'homme d'imaginer.

* * *

Car, il ne faut pas le perdre de vue, cette société n'est point instituée pour les millionnaires, ni même les gens aisés. S'ils y venaient frapper, on leur ferait vite comprendre qu'ils se trompent de porte. Les indigents ne seront pas davantage ses clients : On n'indemnise pas ceux qui n'ont rien pu perdre.

Les futurs indemnitaires seront principalement ces honnêtes gens, débiteurs malheureux et de bonne foi, écrasés, à l'occasion de petites dettes, par des frais exorbitants, ou bien encore ceux qui, recourant à la justice pour la protection de petits intérêts, se voient dévorés par des formalités coûteuses et vraiment spoliatrices.

C'est là, la charité réservée à la création de M. Sauzéa. Nous le demandons, qu'on nous réponde franchement : Œuvre plus digne et plus méritoire a-t-elle jamais été entreprise?

C'est surtout par petites sommes de cinquante, cent, deux cents, trois cents francs, que les ressources de l'association — pour nous servir encore du mot de M. Sauzéa — seront employées ; et telle est la grandeur du mal qu'elles seront loin de suffire.

— Ah ! il faut, entendons-nous dire autour de nous, il faut un rude courage pour disputer aux malheureux ces lambeaux !

*
* *

Cependant, ce testament a été déjà et sera encore attaqué des côtés les plus opposés, et, chose étrange, par les arguments les plus imprévus et les plus contradictoires.

Les parents feront plaider la captation... l'insanité d'esprit.... Ne faut-il pas être insensé pour déshériter sa famille ?... Donner tant de millions aux malheureux !... Mais, si cela se généralisait, si un exemple aussi pernicieux était suivi, que deviendrait la propriété ? Que deviendrait la famille ? Que deviendrait la société ?...

Les oncles sont des banquiers fournis par la nature..... et c'est surtout en mourant qu'ils doivent savoir ouvrir leur caisse..... Forfaire à une si respectable obligation !... Ah !... le défunt a vraiment manqué de piété vis-à-vis de ses parents ! s'écriera leur défenseur.

Pauvre cher défunt ! Si les âmes ont des oreilles, et s'il t'est donné d'entendre la plaidoirie qu'on fera contre toi, en faveur des tiens :

— Comme j'ai eu raison de faire ce que j'ai fait ! devras-tu penser.

.•.

Au nom des pauvres, on répondra que nul homme n'a porté plus loin que M. Sauzéa le sentiment religieux ; on dira, le catéchisme en main, que la même loi qui nous fait aimer Dieu nous oblige aussi d'aimer notre prochain, c'est-à-dire tous les hommes sans distinction et même nos plus grands ennemis ; qu'aimer son prochain, c'est le mettre au même rang que soi-même dans ses affections, et ne pas lui préférer, par conséquent, notre famille qui n'est que la suite et le prolongement de nous-mêmes......

Tout cela pourra être dit, et le sera, au nom des pauvres, avec d'autant plus de raison qu'ils n'ont en face d'eux que de simples collatéraux du testateur, et riches encore, richissimes.

Mais — et c'est là un des côtés plaisants du procès — l'argument a été déjà ruiné par avance ; et par qui ?

*
* *

Par un de ceux-là mêmes qui auraient tout intérêt à le présenter.

Prévoyant que si le legs Sauzéa est accepté, les hospices seront sans doute obligés de conserver les sœurs et les aumôniers et qu'il sera difficile, dès lors, de les laïciser, un conseiller municipal, des plus écoutés, sinon des mieux pensants — nous parlons heureusement du temps jadis — s'est élevé, en plein Conseil, contre les sentiments religieux manifestés par le testateur (1).

Qu'est-ce, en effet, que quelques millions auprès de l'impossibilité de cette immense amélioration qui consisterait à remplacer les sœurs par des domestiques et les aumôniers par rien du tout ?

_____

(1) Voici l'extrait du Conseil municipal de Saint-Etienne, du 22 septembre 1883 :

« M. J. — Nous avons appris que le généreux donateur des 50,000 francs versés l'an dernier aux hospices par un anonyme, était M. Sauzéa et cette générosité est d'autant plus grande qu'il a voulu en garder le secret.

« Je propose de donner son nom à une rue ou à une place de la ville.

« M. G. — Je partage, au moins pour la plus grande part, les éloges exprimés à la mémoire de M. Sauzéa, mais je ne puis m'empêcher de dire : Pourquoi faut-il qu'à d'aussi louables sentiments se mêle une pensée de religion qui enlève quelque chose à ce mérite ? M. Sauzéa, par ses vœux et les conditions inscrites en faveur d'une administration religieuse, nous fait faire un grand pas en arrière et, à ce point de vue, je ne puis m'associer sans réserve au témoignage rendu à sa mémoire. »

Est-ce assez lamentablement comique !

Mais, monsieur le conseiller municipal, si M. Sauzéa n'avait pas eu les sentiments religieux contre lesquels vous protestez, il n'aurait pas fait un pareil testament et vous auriez ainsi perdu l'occasion de placer votre petit discours.

L'argent n'est rien ; il n'y a que les principes, les bons, s'entend !

Et pour ces aveugles, ces ignorants, le meilleur de tous les principes, c'est la proscription systématique, sauvage de l'idée de Dieu et de tout ce qui peut y ramener. Cette idée pour eux est subversive, capable tout au moins d'amener dans les populations un abaissement intellectuel inquiétai t.

Nouveaux apôtres, ils prèchent incessamment contre elle, et ne manquent aucune occasion d'affirmer leur foi négative.

Il faut ètre plein d'indulgence et de pardon pour eux, car les pauvres gens ne savent évidemment ce qu'ils font ; ce serait à coup sùr les calomnier que de croire qu'ils agissent en connaissance de cause.

Le corps électoral, du reste, en les renvoyant méditer chez eux, leur a fait voir que le temps n'est plus où Dieu pouvait ètre présenté comme l'ennemi du genre humain.

La croyance en Dieu ! mais il n'y a que cela de bon, il n'y a que cela de vrai au monde ! C'est le refuge suprème ; c'est la source de tout bien. M. Sauzéa en sera la preuve admirablement vivante parmi nous.

S'il était prouvé que M. Sauzéa ne crut pas en Dieu, son testament devrait ètre cassé comme l'œuvre d'un inconscient, d'un idiot, d'un insensé ! (1).

---

(1) M. Sauzéa a écrit quelque part : « Ce que je pourrais lais-
« ser à mes collatéraux, divisé entre tant de personnes, serait peu
« de chose pour chacune d'elles ; j'aime mieux les faire partici-
« per à une bonne œuvre, dont le mérite les suivra et pendant
« leur vie et dans l'éternité ».
Quelle élévation de pensée !
N'est-ce pas le sentiment religieux poussé aussi haut que possible ?
Si, en parlant ainsi, M. Sauzéa avait voulu railler, ce serait le dernier des misérables.

*
* *

Le 24 février 1883, peu de semaines avant sa fin,
M. Sauzéa écrivait encore :

*Je, soussigné, confirme toutes mes dispositions
testamentaires, déposées chez Me Buhet, notaire,
et toutes celles deposées dans mon codicille sur
papier libre, sous sa date, voulant surtout que les
hospices de l'Hôpital et de la Charité de la ville de
Saint-Etienne (Loire) soient mes héritiers universels.*

    Monteille, 24 février 1883.

H. SAUZÉA.

Toujours la même pensée ! Ces trésors amassés,
auxquels il n'avait pas voulu toucher pour lui-
mème, vont devenir le patrimoine des pauvres !
Telle est, *surtout*, sa volonté !

La grande âme de M. Sauzéa, avant de se réunir
à Dieu, avant d'entrer dans son repos, comme on
dit aujourd'ui, s'est ainsi plue à laisser parmi
nous des traces lumineuses et indélébiles.

On espère, en vain, faire crouler son œuvre. Elle
saura se susciter des défenseurs.

O Dieu ! qui fus l'unique pensée de celui en qui
les pauvres espèrent, qui as été le flambeau de sa
vie, toi qu'il interrogeait sans cesse dans sa conscience et qui lui inspiras tout le bien qu'il a voulu
faire; Dieu ! qui sondes les reins et les cœurs,
éclaire et conduis ceux qui tiennent entre leurs
mains le sort des malheureux; dicte leurs résolu-
tions, et que, par elles, le nom de Sauzéa demeure
impérissable !

Saint-Etienne imprimerie BERLAND, place de l'Hôtel-de-Ville, 4